Dieses Buch gehört

Die deutsche Ausgabe erscheint bei
Parragon Books Ltd
Queen Street House
4 Queen Street
Bath BA1 1HE, UK

Realisation der deutschen Ausgabe: trans texas publishing, Köln
Übersetzung aus dem Englischen: Kathrin Jurgenowski (für rheinConcept)
Redaktion und Satz: rheinConcept, Wesseling

ISBN 978-1-4454-6412-1
Printed in China

DER KÖNIG DER LÖWEN

Textbearbeitung von Liza Baker

Parragon

Bath • New York • Singapore • Hong Kong • Cologne • Delhi
Melbourne • Amsterdam • Johannesburg • Auckland • Shenzhen

EIN PRINZ KOMMT

Die heiße afrikanische Sonne ging auf und brannte auf die Savanne. Giraffen, Zebras, Elefanten und alle anderen Tiere hatten sich versammelt. Denn heute war ein wichtiger Tag.

König Mufasa und Königin Sarabi sahen stolz zu, wie der weise Pavian Rafiki dem Königreich ihren neu geborenen Sohn präsentierte. Die Tiere jubelten und verneigten sich vor Prinz Simba.

Doch nicht die ganze Familie war erschienen: Mufasas Bruder Scar fehlte. Scar war wütend, weil er nie der Nachfolger des Königs sein würde.

Mufasa und sein Diener Zazu fragten Scar, warum er nicht zu Simbas Zeremonie gekommen war.

„Das muss mir glatt entfallen sein“, antwortete Scar höhnisch und machte sich davon.

Simba war ein verspielter und neugieriger Löwenjunge. Eines frühen Morgens weckte Simba seinen Vater, zusammen stiegen sie auf einen Gipfel. „Das ist unser Königreich – alles, was das Licht berührt“, erklärte Mufasa seinem Sohn. „Eines Tages, Simba, geht die Sonne meiner Herrschaft unter und geht mit dir als neuem König wieder auf.“

„Wow!“, rief Simba. „Und was ist mit dem schattigen Land dort drüben?”

„Das liegt jenseits unserer Grenze. Du darfst nie dorthin, Simba“, sagte Mufasa streng.

„Aber ich dachte, ein König darf alles machen, was er will“, sagte Simba.

Mufasa erklärte: „Es gehört mehr dazu, ein König zu sein, als nur seinen Willen durchzusetzen. Als König musst du alle Geschöpfe respektieren. Wir sind alle eins im ewigen Kreis des Lebens.“

Da kam ein Murmeltier mit wichtigen Nachrichten: Hyänen waren in ihr Land eingedrungen!

Mufasa befahl Zazu, Simba nach Hause zu bringen, und rannte davon, um gegen die Hyänen zu kämpfen.

„Nie darf ich dahin, wo ich hinwill“, beschwerte sich Simba.

Zu Hause besuchte Simba seinen Onkel Scar.

„Mein Papa hat mir gerade das ganze Königreich gezeigt", prahlte er. „Und ich werde es einmal regieren!"

„Hat er dir auch gezeigt, was hinter der Grenze liegt?", fragte Scar schlau. „Nur ein sehr mutiger Löwe wagt sich auf einen Elefantenfriedhof!"

Simba erkannte nicht, dass sein Onkel ihm eine Falle stellte. Er wollte seinem Vater beweisen, wie mutig er war.

Simba machte sich auf die Suche nach seiner besten Freundin Nala. Sie lag mit den Löwenmüttern auf einem Felsen in der Nähe. „Mama, dürfen Nala und ich zu diesem ganz tollen Ort gehen, unten am Wasserloch?“ schwindelte Simba.

„Nur, wenn Zazu euch begleitet“, antwortete Sarabi.

„Wir müssen den lästigen Vogel loswerden!“, flüsterte Simba Nala zu. „Wir gehen auf einen Elefantenfriedhof!“

Simba und Nala mischten sich unter die Zebraherde und konnten Zazu fürs Erste entkommen. „Jetzt sind wir ihn los!“, rief Nala.

Sie spielten, purzelten und stolperten. Mit einem Rums landeten sie direkt neben einem mächtigen Elefantenschädel.

Zazu holte auf und wollte den beiden helfen. Banzai, Shenzi und Ed, drei gefräßige Hyänen mit scharfen Zähnen, hatten sie eingekreist.

Die Hyänen nahmen sich zuerst Zazu vor.

„Warum sucht ihr euch nicht jemanden, der sich wehren kann?“, rief Simba.

Dann machte sich eine Hyäne an Nala heran, aber Simba fuhr ihr mit den Krallen ins Gesicht.

Plötzlich erschütterte ein lautes Brüllen den Elefantenfriedhof. Es war Mufasa!

Mit seiner riesigen Pranke stieß er dic Hyäne weg und drohte:
„Wagt es nie wieder, meinem Sohn zu nahe zu kommen!“

Die Hyänen rannten auf und davon.

Auf dem Heimweg rügte Mufasa seinen Sohn: „Du gehorchst mir nicht."

„Ich wollte doch nur so mutig sein wie du", jammerte Simba.

„Um mutig zu sein, muss man sich nicht immer in Gefahr stürzen", erwiderte Mufasa.

Dann erzählte Mufasa Simba, dass die großen Könige der Vergangenheit von den Sternen auf sie herabsahen. „Denk immer daran, dass diese Könige dir den Weg weisen werden – und ich auch."

SCARS FALLE

Die Hyänen saßen zusammen in ihrer Höhle und tollten umher. Scar war wütend, dass sie Simba entkommen lassen hatten. Schon bald schmiedete Scar einen neuen Plan, um Simba und seinen Vater aus dem Weg zu räumen.

Am nächsten Tag ging Scar zu Simba. „Dein Vater hat eine Überraschung für dich“, sagte er. Scar führte Simba in eine steile Schlucht und befahl ihm, dort zu warten.

Dann gab Scar den Hyänen ein Zeichen, und sie scheuchten eine Gnuherde auf. Die verängstigten Tiere stampften direkt in die Schlucht auf Simba zu! Mufasa hörte das Hufgetrampel, sah in die Schlucht hinab und entdeckte seinen Sohn. Mit ein paar Sprüngen war er unten und rettete Simba das Leben.

Simba war in Sicherheit, Mufasa jedoch nicht. Als er versuchte, der rasenden Herde zu entkommen, brachen die Felsen unter ihm weg.

Als Mufasa sich an die Felsen klammerte, entdeckte er Scar. „Bruder, hilf mir!“ rief er.

Doch Scar grub seine scharfen Krallen in Mufasas Pranken und flüsterte: „Lang lebe der König!“ Dann ließ er Mufasa los, und der König stürzte in die stampfende Herde unter ihm.

Simba hatte nur den Sturz seines Vaters gesehen. Als die Herde vorübergezogen war, suchte Simba seinen Vater. Er fand ihn und versuchte, ihn zu wecken, doch der König der Löwen war tot. „Ist da jemand?“, schrie Simba.
„Hilfe!“

Scar tauchte neben Simba auf. „Wenn du nicht gewesen wärst, würde der König noch leben!“, sagte er. „Lauf weit weg und komm nie mehr zurück!“

Simba brach es das Herz. Er lief so schnell er konnte davon.

Scar befahl den Hyänen, Simba zu töten, doch der kleine Löwe entwischte ihnen.

Scar war sich sicher, dass Simba tot war. Er kehrte nach Hause zurück und teilte allen die traurige Nachricht mit. „Und somit übernehme ich schweren Herzens die Nachfolge als König“, erklärte er scheinheilig.

Alle trauerten um ihren geliebten König und seinen Sohn Simba.

Simba hatte sich weit von seiner Heimat entfernt. Der Boden wurde trocken und rissig unter seinen Pfoten. Die Sonne brannte heiß vom Himmel herab. Über seinem Kopf kreisten Geier.

Erschöpft brach Simba zusammen. Er konnte keinen Schritt mehr gehen.

Schließlich kam Simba wieder zu sich.

Das Erdmännchen Timon und das Warzenschwein Pumbaa hatten ihn gefunden und mitgenommen.

„Du könntest tot sein“, sagte Pumbaa.

„Ich habe dich gerettet! … na ja, Pumbaa hat geholfen, 'n bisschen“, rief Timon. Simba dankte ihnen und wollte gehen.

Pumbaa fragte Simba, woher er komme, doch Simba wollte nicht antworten. „Ich habe etwas Furchtbares angestellt, aber ich will gar nicht drüber reden.“

„Man muss seine Vergangenheit hinter sich bringen“, sagte Timon. „Keine Sorgen … *hakuna matata*!“ Simba beschloss, bei seinen neuen Freunden zu bleiben.

SIMBAS ENTSCHEIDUNG

Jahre vergingen, und Simba wuchs zu einem starken jungen Löwen heran. Eines Nachts betrachtete Simba die Sterne und erinnerte sich an die Worte seines Vaters. „Mir hat mal jemand erzählt, dass die großen Könige der Vergangenheit da oben sind und auf uns aufpassen“, sagte er zu seinen Freunden.

Am nächsten Tag verfolgte Pumbaa gerade einen Käfer, als eine wütende Löwin aus dem hohen Gras hervorsprang. Er schrie auf und rannte davon, blieb aber unter einer Baumwurzel stecken.

„Sie will mich auffressen“, schrie er. Simba hörte die Schreie seiner Freunde und kam ihnen zu Hilfe.

Simba kämpfte mit der Löwin. Plötzlich erkannte er seine alte Freundin Nala. „Du lebst!“, sagte sie glücklich. „ Und das bedeutet, dass du der König bist!“

Nala berichtete Simba, dass Scar seine Heimat zerstört hatte. „Simba, wenn du nicht bald zurückkommst, werden alle verhungern!“

„Das kann ich nicht mehr“, sagte Simba wütend, drehte sich um und ging davon.

Simba dachte über Nalas Worte nach. „Ich kann nicht mehr zurück! Man kann die Vergangenheit nicht ändern“, sagte er zu sich. Plötzlich hörte er einen magischen Gesang aus dem Dschungel.

Der Pavian Rafiki kam auf ihn zu. „Willst du deinen Vater sehen? Sieh da hinein“, sagte er und deutete auf einen Teich.

Das Gesicht seines Vaters schaute Simba an. „Siehst du? Er lebt in dir!“, sagte Rafiki.

Simba schaute zum Himmel und sah das Gesicht seines Vaters in den Sternen. Er sprach: „Hör auf dein Herz, Simba. Vergiss niemals, wer du bist. Du bist mein Sohn und der wahre König.“

Am nächsten Morgen ging Rafiki zu Nala, Timon und Pumbaa. Er sagte ihnen, dass Simba wieder nach Hause zurückgekehrt ist.

„Er kommt wieder zurück!“, jubelte Nala.

Als Simba seine alte Heimat erreichte, wurde er sehr traurig. Das ehemals grüne und schöne Land war unter Scars Herrschaft verdorrt und verödet.

Entschlossen setzte Simba seinen Weg fort.

Als Simba am Königsfelsen ankam, wo Scar und die Hyänen sich versammelt hatten, brüllte er laut auf. Scar war überrascht und erschrocken. Er hatte schließlich gedacht, dass die Hyänen Simba vor vielen Jahren getötet hatten.

„Danke ab Scar!“, rief Simba. Scar rief die Hyänen herbei. Sie umringten Simba und trieben ihn auf einen Abgrund zu.

Simba klammerte sich an die Felsen. Scar stand über ihm. „Genau so sah dein Vater kurz vor seinem Tode aus.“, knurrte Scar.

Da gestand Scar, dass er Simbas Vater getötet hatte. Simba sammelte all seine Kräfte, schwang sich auf den Felsen und griff Scar an.

In diesem Moment trafen Nala, Timon und Pumbaa ein.

Jetzt trieb Simba Scar auf einen steilen Abhang zu, stürzte ihn aber nicht hinab. Er schenkte Scar das Leben, verbot ihm aber, jemals zurückzukehren.

Scar gab vor wegzulaufen, doch er drehte sich um und griff Simba an. Simba versetzte ihm einen Hieb mit seiner mächtigen Pranke und Scar stürzte in die Schlucht.

Simba nahm seinen rechtmäßigen Platz als König ein, und das Land blühte wieder auf.

Bald versammelten sich alle Tiere, um mit Simba und Nala die Geburt ihrer Tochter zu feiern.

Der Kreislauf des Lebens würde sich fortsetzen.